布って…

布からはふくろや服など、くらしに必要なものがたくさん作られています。伝統的な布は、ふだん目にする多くの布とは素材も作り方もちがいますが、どんなふうに作られているのでしょうか。布のギモンを調べてみましょう。

●この本で紹介しているのは経済産業大臣指定の伝統的工芸品です●

※「伝統的工芸品」とは、次の要件をすべて満たし、伝統的工芸品産業の振興に関する法律（伝産法）に基づき経済産業大臣の指定を受けた工芸品のことをいいます。

- 主として日常生活で使用する工芸品であること。
- 製造工程のうち、製品の持ち味に大きな影響を与える部分は、手作業が中心であること。
- 100年以上の歴史を有し、今日まで継続している伝統的な技術・技法により製造されるものであること。
- 主たる原材料が原則として100年以上継続的に使用されていること。
- 一定の地域で当該工芸品を製造する事業者がある程度の規模を保ち、地域産業として成立していること。

伝統工芸のきほん ❹

布 織りもの そめもの

理論社

もくじ＆産地マップ

布ってなんだろう … 04

織りもの
織りものができるまで … 06
〜京都・西陣をたずねる〜

1. 図案を作る … 08
2. 糸をそめる … 09
3. 糸をととのえる … 10
4. 織る … 11

織りもののきほん

織りものってなんだろう … 12
織りものの作り方と道具 … 14
織りもの豆知識　織りものの種類 … 15

産地を知ろう！ ニッポン織りもの案内 … 16

二風谷アットゥシ（北海道）置賜紬（山形県） … 16
羽越しな布（山形・新潟県）結城紬（茨城・栃木県）
伊勢崎絣（群馬県） … 17
桐生織（群馬県）秩父銘仙（埼玉県）
村山大島紬・多摩織（東京都） … 18
本場黄八丈（東京都）小千谷縮・本塩沢・十日町絣（新潟県） … 19
十日町明石ちぢみ（新潟県）信州紬（長野県）牛首紬（石川県）
近江上布（滋賀県） … 20
西陣織（京都府）弓浜絣（鳥取県）阿波正藍しじら織（徳島県） … 21
博多織・久留米絣（福岡県）本場大島紬（宮崎・鹿児島県） … 22
久米島紬・宮古上布・首里織・喜如嘉の芭蕉布（沖縄県） … 23

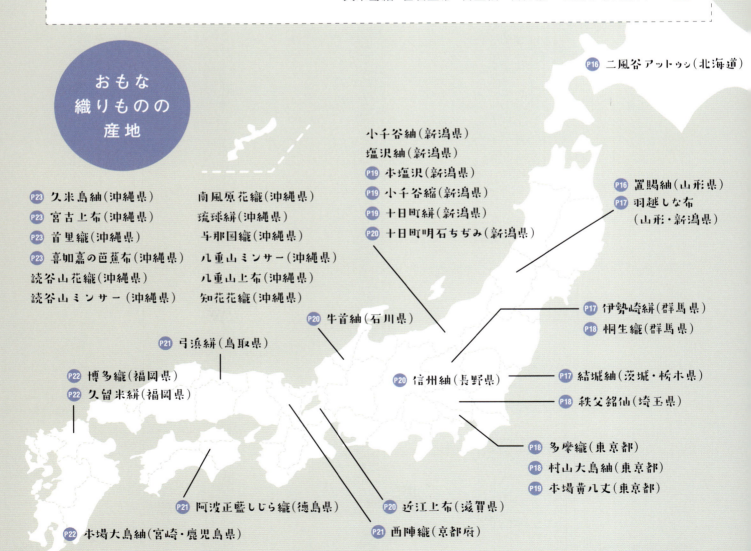

おもな織りものの産地

- P23 久米島紬（沖縄県）
- P23 宮古上布（沖縄県）
- P23 首里織（沖縄県）
- P23 喜如嘉の芭蕉布（沖縄県）
- 読谷山花織（沖縄県）
- 読谷山ミンサー（沖縄県）
- 南風原花織（沖縄県）
- 琉球絣（沖縄県）
- 与那国織（沖縄県）
- 八重山ミンサー（沖縄県）
- 八重山上布（沖縄県）
- 知花花織（沖縄県）
- P22 博多織（福岡県）
- P22 久留米絣（福岡県）
- P21 弓浜絣（鳥取県）
- P21 阿波正藍しじら織（徳島県）
- P22 本場大島紬（宮崎・鹿児島県）
- P20 牛首紬（石川県）
- P20 信州紬（長野県）
- P20 近江上布（滋賀県）
- P21 西陣織（京都府）
- 小千谷紬（新潟県）
- 塩沢紬（新潟県）
- P19 本塩沢（新潟県）
- P19 小千谷縮（新潟県）
- P19 十日町絣（新潟県）
- P20 十日町明石ちぢみ（新潟県）
- P16 二風谷アットゥシ（北海道）
- P16 置賜紬（山形県）
- P17 羽越しな布（山形・新潟県）
- P17 伊勢崎絣（群馬県）
- P18 桐生織（群馬県）
- P17 結城紬（茨城・栃木県）
- P18 秩父銘仙（埼玉県）
- P18 多摩織（東京都）
- P18 村山大島紬（東京都）
- P19 本場黄八丈（東京都）

下の地図には国の伝統的工芸品に指定されている織りもの・そめもの・その他の繊維製品の産地がのっています。青色・オレンジ色の丸が付いている産地を本でくわしく紹介しています。

そめもの

そめものができるまで…24
～京都をたずねる～

1 下絵・のりおき…26
2 全体をそめる…27
3 友禅をさす…28

そめもののきほん

そめものってなんだろう…30
そめものの作り方…32

そめもの豆知識
そめものの種類…33

産地を知ろう！ ニッポンそめもの案内…34

東京染小紋（東京都）…34
東京手描友禅（東京都）加賀友禅（石川県）
名古屋友禅（愛知県）…35
有松・鳴海絞・名古屋黒紋付染（愛知県）
京鹿の子絞・京小紋（京都府）…36
京友禅・京黒紋付染（京都府）琉球びんがた（沖縄県）…37

織りものとそめものニュース…38
都道府県別伝統的工芸品一覧…40

おもな
そめもの・
繊維製品の
産地

P37 琉球びんがた（沖縄県）

P36 京鹿の子絞（京都府）
P36 京小紋（京都府）
P37 京友禅（京都府）
P37 京黒紋付染（京都府）
京繍（京都府）
京くみひも（京都府）

P35 加賀友禅（石川県）
加賀繍（石川県）

P34 東京染小紋（東京都）
P35 東京手描友禅（東京都）

P35 名古屋友禅（愛知県）
P36 有松・鳴海絞（愛知県）
P36 名古屋黒紋付染（愛知県）

伊賀くみひも（三重県）

布ってなんだろう？

伝統的な着物や帯も、わたしたちがまいにち着る洋服も、みんな布からできています。
なにを使ってどんなふうに作られているのか見てみましょう。

なにからできているの？

一般的な布をかくだいして見てみると、糸がたてと横に交差しているのがわかります。交差した糸が集まって、うすくて平らな状態になったものが「布」です。布は、糸の集まりなのです。

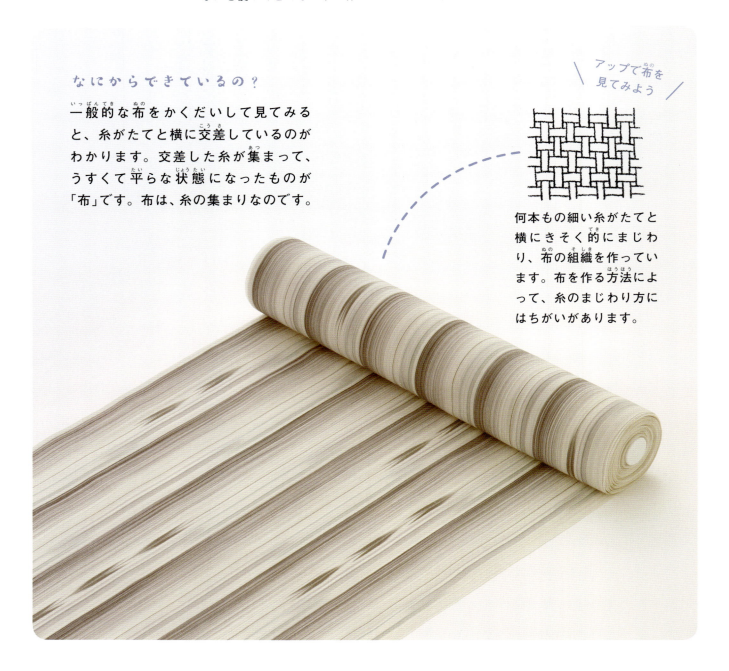

アップで布を見てみよう

何本もの細い糸がたてと横にきそく的にまじわり、布の組織を作っています。布を作る方法によって、糸のまじわり方にはちがいがあります。

動物や植物のせんいが糸に！

布は糸からできている！

伝統的な布は、むかしから自然の中にあるもので作られてきました。植物から作る綿や麻、かいこがはき出す糸を利用した絹、ひつじの毛のウールなどが代表的なものです。これら天然のせんいは、文明が起こったころから人類とともにありました。ほかに、木の皮なども、糸の原料として使われています。

布の種類

布は、せんいからできた糸を使います。糸を交差させたり、くぐらせたりして重ね合わせ、厚みとはばを出すと、布になります。布の組織を作る作り方のちがいで、おもに4つの種類にわかれます。

> 布は織りものがいちばん多いよ！

編みもの

糸で輪を作り、その輪に次の糸をひっかけて新しい輪を作ります。これをくりかえし、布にしたもの。

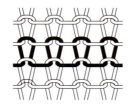

織りもの

たて糸とよこ糸が直角にまじりあってみっちゃくし、平たく作った布地。多くの布製品は織りもので作られます。

組みもの

いくつもの糸がななめに交差し、ひもや面になったもの。基本的にたて糸のみで作られます。組みひもが代表。

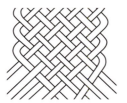

不織布

ふつう、せんいから作った糸を織るなどして布を作りますが、不織布は、せんいを糸にせず、じかにせっちゃくして布状にかためて作ります。近年はじまった作り方なので、伝統的な布に不織布はありません。

伝統的な布の作り方

この本で紹介する伝統的な布は、上の4つのうちの「織りもの」の方法で作られたものです。織りものは、さらに作り方によって、下の2種類にわかれます。おおまかな作り方を紹介します。

織りもの　糸をそめてから織って布にする、織りものの作り方

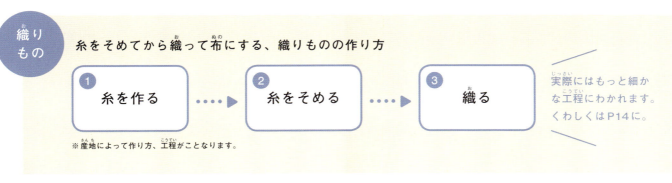

実際にはもっと細かな工程にわかれます。くわしくはP14に。

※産地によって作り方、工程がことなります。

そめもの　織った布に色をそめる、そめものの作り方

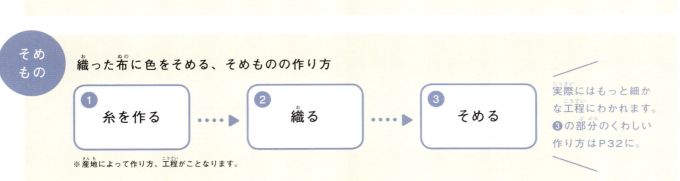

実際にはもっと細かな工程にわかれます。❸の部分のくわしい作り方はP32に。

※産地によって作り方、工程がことなります。

織りもの

京都の伝統産業を代表する西陣織。先にそめた糸でもようを生み出す織りもので、その技術は世界最高といわれています。織りものができるまでには、どんな工程があるのでしょう？　たくさんの職人さんが織りもの業にたずさわる町、西陣をたずねて、その作り方を見せてもらいました。

京都・西陣をたずねました！

織りものができるまで

（たずねた工房・職人さん）

西陣織ができるまでには15〜20の工程があり、ほとんどが分業になっています。その中から、図案をデザインする人、糸をそめる人、「整経」といってたて糸を準備する人、織機で織る人をたずねました。

どうして西陣で織りものがさかんになったの？

794年に都がおかれた平安京には、織部司という、朝廷の織りものを作る役所がありました。ここが西陣織のもとになっています。西陣という地名は、「応仁の乱」で西軍の大将が陣をおいた場所にふたたび職人さんがもどって生まれました。明治以降にはジャカード機などヨーロッパの新しい技術を取り入れ、高級な織りものの代名詞として地位をたしかなものにしました。

分業制の発達

 職人

西陣織は何人もの職人さんの手をわたり作られます。分業によってそれぞれの技をみがいています。

都だった京都は、織りものの需要がたくさんありました。大量生産できないふくざつな織りものを多品種作るため、江戸後期から分業制が発達しました。

図案家がどんな色やもようにするか、絵をえがいてきめます。

糸染め屋さんが織りものに必要な色に糸をそめます。

糸を織機にセットできるようにととのえる職人さんもいます。

糸が織屋さんの手にわたり、織機で織りあげられます。

材料

絹糸

西陣織の材料は絹糸です。まゆから引いた、かたくシャリシャリした生糸から絹糸を作ります。

つやつや光ってる！

精練（P9）するとさらに光沢とツヤが出ます

かいこはクワの葉を食べて育つよ！

生糸の原料

かいこがさなぎになるとき、口から糸をはいてまゆを作ります。まゆを煮てほぐし、引き出して生糸を作ります。

※「まゆ」からさいしょに取り出した糸を「生糸」といいます。生糸を精練し、セリシンをのぞいたものが「絹糸」です。

おりもの

織りものができるまで 1　図案を作る

約20の工程にわかれる西陣織のなかでも重要な、デザインをきめる工程です。

これは帯の下絵だよ

デザインを考える

頭の中のイメージをもとに下絵（草稿）をえがきます。こちらの図案家さんは、やわらかなかき味のヤナギの木炭を使っています。

たくさんの資料を研究し、新しいデザインに

日本の寺院や、ヨーロッパの文様を研究してデザインの引き出しをふやし、織りものの質感を再現できる素材を工夫します。

ていねいに色づけ

下絵ができたら和紙などにうつしとり、本絵にとりかかります。配色のバランスを考えながら、色づけするのがむずかしいところ。

織りものの色がここできまる！

織りものの質感を表現

図案は仕上がりがイメージできるようにえがくのが大切です。金ぱくや銀ぱくも使い、織りものの質感が出るようにえがきます。

時代に合わせた色えらびも重要

絵の具や筆はイメージに合わせて使い分けます。日本画の絵の具だけでなく、ポスターカラーやアクリル絵の具も使います。

すごい！

08

おりもの

織りものができるまで 2
糸をそめる

糸染職人さんが、材料にする糸を必要な色にそめます。

1 そめる前の準備（精練）
生糸にはセリシンというタンパク質がついています。そのままだと色がつきにくいので、石けんをとかした溶液で煮て、おとします。

2 そめる色をかくにん
織屋さんからの注文には「この色にそめてください」という見本の糸がついています。見本とまったく同じ色にそめるのが職人の仕事です。

3 お湯に糸を入れる
約80℃のお湯が入った大なべに糸を入れます。水にふくまれるマグネシウムなどのえいきょうをふせぐため、金属封鎖剤を加えます。

4 糸を竹ざおにかける
糸染には「そめ竹」とよばれる短い竹ざおがかかせません。全体にお湯が行きわたったらそめ竹に糸を交互にかけておきます。

> 色作りには経験が必要！

5 色を作る
化学染料を組み合わせ、色を作ります。使うのはおもに赤、黄、青、黒の4色。組み合わせしだいで、どんな色でも再現できます。

6 そめ液を作り、そめる
合わせた染料をお湯に加えて、そめ液を作ります。はじめは少しうすめに作り、そまり具合を見本と合わせながら、こくしていきます。

> 見本で色をなんどもかくにん！

室内だと見え方がちがうので、かならず太陽の光で色をかくにんします

> 少しずつなんどもそめるよ

7 くりかえしそめ上げる
「手かぎ」という道具で糸をひっかけ、そまり具合をかくにんします。足りない色を目でみきわめ、それを足してくりかえしそめます。

おり／もの

織りものができるまで 3
糸をととのえる

そめた糸をまきとり、織りものに合わせた本数にそろえる「整経」という工程です。

1 糸かせがとどく

そめた糸が、輪っかにたばねられた「かせ」の状態でとどきます。このままでは整経しにくいので、「糸くり」という作業を行います。

2 わくにまきとる「糸くり」

竹でできた糸車で回転させながら糸をくり出し、糸わくにまきとります。糸のかたさや太さでまき方を変えています。

3 熟練の職人さんが行う

糸のよれやくせを正し、問題のある部分は切りはなしてむすび、均一な糸にします。熟練の職人さんでも指先のしんけいを使います。

4 糸をゆかにならべる

糸くりした糸をゆかにならべます。「目はじき」という輪に順番どおり通し、「目板」、くし状の「あぜおさ」に通して整経機のドラムへ。

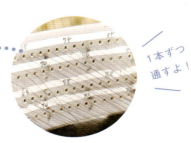

1本ずつ通すよ！

穴のあいた目板には糸の順番が書いてあり、約100本の糸がそこを通ります。

この糸が織るときのたて糸に！

5 1本のロールにまきとる

さいごは「千切り」という木の棒にまきとります。最初にまいた糸に上の糸がくいこまないよう「はたくさ」という厚紙をはさみます。

織りものが
できるまで
4

織る

たて糸は、準備ができたら織り職人さんへ運ばれます。織機で織って、布にします。

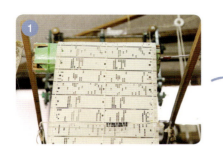

図柄になる紋紙をセット

織りものの情報が入った紋紙。あなが開いたところのたて糸が上がるしくみです。近年では紋紙の代わりにフロッピーを使うのが主流。

整経された糸がとどく

整経屋さんでそれぞれの布を織るために必要な本数と長さにそろえられたたて糸が、千切りにまかれた状態でとどきます。

何千本もの糸を通すのはたいへん！

糸を織機にセット

整経された糸は、1本ずつ順に、たて糸を上下させる「綜絖」という部分に通していきます。この工程を専門に行う職人さんがいます。

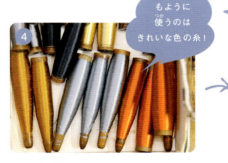

もように使うのはきれいな色の糸！

必要なよこ糸を用意

よこ糸は小さな管にまきとって準備します。たて糸の間を通すための道具である杼（シャトル。P14）にセットして使います。

織機で織る

紋紙の指示どおりにたて糸が上がり、そこによこ糸をとおし、織ります。バッタンバッタンと織機の音が工房にひびきます。

金の糸を使うのも特徴

おぼうさんの袈裟などに仕立てられる「金襴」は西陣織を代表する織り方のひとつ。芯となる糸に金ぱくをまいた本金糸などを使います。

へらに糸をかけて横に通す

金糸や銀糸を織りこむのに使う道具がこの竹へら。片はしに糸を引っかけ、上下に開いたたて糸の間にすばやく通します。

もようができてきた！

織機は布のおもて面を下側にして織っていきます。もようがちゃんと織られているかは、かがみに映してチェック！

おり / もの

織りもののきほん

織りものってなにからできているの？　織り方にはどんなちがいがあるの？
きほん的なギモンや、織りものの種類、一般的な作り方をまとめました。

織りものってなんだろう？

なにからできているの？

P4でふれたように、布は糸からできています。織りものには、絹や綿、麻などがよく使われます。

いろんな柄があるね！

使う糸や織り方でさわった感じがちがうよ！

よく見ると、もようの部分だけちがう色に糸がそまっています。先にもようの色にそめた、たて糸とよこ糸を組み合わせ、もようを織り出しています。

どんな特徴があるかな？

織りものにはいろんな柄があります。これは後からそめるのではなく、先にもようになるように糸をそめてから織って作ります。

織りものとは…

織りものとは、布を織ったものという意味です。織った布の組織は、たてにならんだ糸（たて糸。漢字では「経糸」と書く）と、横にならんだ糸（よこ糸。漢字では「緯糸」と書く）でできています。たて糸とよこ糸をきそく的に組み合わせ、長さやはばを出して布の形にしていく作業を「織る」といいます。

織りものの組織

どの織りものも、下の4つの作り方がきほんになっています。
同じ糸を使っても、織り方がちがうと見た目や質感にちがいが出ます。

平織

たて糸とよこ糸を交互に1本ずつ直角に組み合わせて織ったもの。糸がまじわる点が多いので、かたくしっかりした布になります。きほんの織り方です。

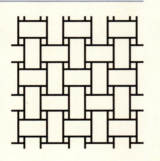

綾織

たて糸を、いくつかのよこ糸をまたいでから下にくぐらせる織り方。織り目がななめに見えるのが特徴です。身近なものだと、デニムなどがこの織り方です。

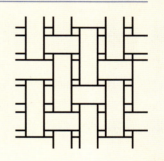

朱子織

たて・よこ、どちらかの糸のうきが少なく、たて糸またはよこ糸のみがおもてに表れているように見える織り方。サテンのように光沢のある布が作れます。

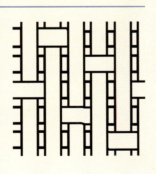

もじり織

たて糸がからみあい、その間をよこ糸が通ることで、すき間を作る織り方。からみ織ともよばれます。かるく空気を通すので、夏用の着物に用いられます。

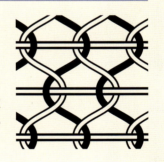

織りものにはなにがあるの？

もっとも伝統的な織りもの製品は、着物や帯です。洋服が一般的になるまでの長い間、だれもが着物を身につけていたので、各地で着物用の布が織られていました。さいきんでは、ネクタイ、ストール、マフラーなど洋服に合わせられるものや、カーテンなどのインテリアもあります。

織りものの作り方と道具

織機で織るまでには、たくさんの工程があります。
一般的な織りものの作り方の流れと、
布を織るための「織機」のしくみを見てみましょう。

織りものの作り方

産地によってちがいがありますが、一般的な先染め(先に糸をそめる)の織りものの作り方を紹介します。ひとつの工房ですべてを行う場合もあれば、専門の職人さんが分業で作業する地域もあります。

1. 糸を作る ※仕入れる場合もあります。
2. 図案を作る
3. 糸をそめる
4. 糸をまきとる
5. 織る 織る前の準備 ▶ 織り
6. 加飾 ※ししゅう、金ぱく

※この工程がないものも。

日本の織機

日本でむかしから使われてきたのは、地面やゆかにすわって織る「地機」という織機です。これを改良して、イスにこしかけ、足でも操作できる「高機」ができました。右の図では「高機」のしくみを紹介しています。

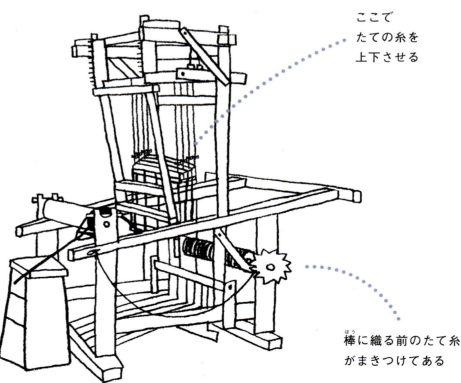

ここでたての糸を上下させる

棒に織る前のたて糸がまきつけてある

よこ糸をまいておく「杼」という道具。これをたて糸の間に通して織ります。

※この図は高機の中の「京機」をイラスト化したものです。

織りものの種類

各地にある織りものには、織り方やもようのあらわれ方によって、さまざまな種類があります。「久留米絣」「結城紬」などのように、織りものの種類と産地の地名がセットでよばれることが多くなっています。

絣

糸のところどころをくくり、白くのこしてそめた「かすり糸」で織った柄のこと。また、その織りもの。糸の組み合わせで、しま、格子もようなど、さまざまな柄が作れます。

紬

かいこのまゆからつむぎ出した糸（つむぎ糸）で作った絹織りもの。かるくてじょうぶ。亀甲、十字、格子などの柄をかすり糸で作ります。文様が細かいほど手間がかかり、高級に。

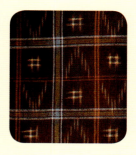

縮

生地にどくとくのシボ（しわ）ができるように加工した織りもの。強くねじり合わせた糸で織ると、しわが生まれます。夏用のゆかた地などに使われます。絹糸の縮をちりめんといいます。

縞

2色以上にそめ分けた糸で、すじもようを織り出したもの。たて糸で出す「たて縞」、よこ糸で出す「よこ縞」、両方を組み合わせた格子柄があります。絹製と木綿製があります。

上布

苧麻などの植物からとれる細くて上質な麻糸を、平織にした麻織りもの。幕府などにみつぎものとしておさめた上等な織りものという意味で、上布とよばれました。

ほかにも…

錦 綾織や朱子織の上にさまざまな色糸をくぐらせて、文様を織り出したもの。

綴 文様の部分にだけさまざまな色のよこ糸を入れて、図柄をあらわしたもの。

緞子 朱子織の表と裏の組織を使って文様を織り出したもの。帯に多く使われます。

おりもの

産地を知ろう！
ニッポン織りもの案内

パッタンパッタン

北海道から沖縄まで、全国にある織りもの。
手に入る素材によって使う糸がちがっていたり
地域ごとに特徴的な織り方があります。

織りもの用語集

（養蚕）クワの葉を食べさせてかいこを育て、糸の原料となるまゆを生産すること。

（真綿）まゆ（おもにくずもののまゆ）を煮て、引きのばした綿。つむぎ糸の原料。

（太織）くずもののまゆをつむいで織った布。厚く、じょうぶ。かつては日常着用。

（つむぎ糸）真綿をつむいで作った糸。生糸よりも太くてすじなどがある。紬の材料。

（かすり糸）織ったときにもようができるよう、糸などでくくり、部分的にそめ分けた糸。

（苧麻）イラクサ科の多年草で、からむしとも。くきの皮から上質な麻がとれます。

（ジャカード機）1801年ごろにフランス人のジャカールが発明した、紋織などが作れる機械。

（シボ）縮やちりめんなどの織りものの表面に見られる波状のおうとつ（しわ）。

北海道　二風谷アットゥシ

古くから北海道でくらすアイヌの人々が身に着けていた織りもの。オヒョウやシナノキなどの木の皮からせんいをとって糸にし、「腰機」とよばれる織機で布にします。風を通し、水に強く、天然のせんいの中でもとてもじょうぶです。

木の皮が原料！

※腰機は、腰を使ってたて糸をひっぱりながら織るもの。

山形県　置賜紬

県南部の置賜地方で生産される織りものをまとめたよび名で、米沢織、長井紬、白鷹紬などがあります。米沢織は山形が日本一の生産量をほこるベニバナの花など自然の草木でそめたやさしい色あい、長井紬・白鷹紬は高度な絣の技が特徴です。

山形県・新潟県　羽越しな布

　日本三大古代織のひとつで、山形県鶴岡市と新潟県村上市で作られています。山でとれるシナノキなどの木の皮が原料。はいだ皮をアクで煮てせんいをとり出し、ぬかでつけるなど、長い時間と手間がかかります。じょうぶで水に強く、むかしはこくもつを入れるふくろや魚をとるあみ、今は帯やバッグなどが作られています。

※三大古代織は、ほかに静岡県のくず布・沖縄県の芭蕉布（P23）

茨城県・栃木県　結城紬

　結城市を中心に、鬼怒川に面した地域で生産。いちばんの特徴が、かいこが生み出す真綿から手でつむぐ糸です。たて・よこ両方につむぎ糸を使うのは結城紬だけで、空気をふくみ、かるくあたたかな布になります。地機で少し織っては針でもようを合わせるのをくりかえし、細かなかすりもようを作り出します。

群馬県　伊勢崎絣

　伊勢崎はクワの成長にてきした水はけがよい土地で、養蚕がさかんでした。農家の副業で残りもののまゆから太織という布を作ったのがはじまりで、明治以降は「伊勢崎銘仙」の名で全国に知られました。たて・よこの糸をべつべつに型紙で捺染（P31）し、柄を合わせながら手織りする併用絣の技が受けつがれています。

群馬県　桐生織

「西の西陣、東の桐生」とよばれ、絹織りものの町として発展。西陣や西洋の技をいち早く取り入れ、明治以降はジャカード機でふくざつな表現を可能に。もじり織、お召し織などの7つの織り方があります。

埼玉県　秩父銘仙

山の多い秩父は稲作にむかず、古くから養蚕がさかんでした。規格外のまゆで作った太織が評判となり、秩父銘仙の名でよばれるように。あらくよこ糸を仮織りして型染する「ほぐし捺染」が有名です。

東京都　村山大島紬

養蚕がさかんで江戸後期から絣を生産。大正時代に本場大島紬（P22）を意識した村山大島紬が作られるようになります。絣板という文様をほった板で糸や布をはさんでそめる「板締め」にちがいがあります。

東京都　多摩織

今の八王子市周辺で作られる織りものの総称。この地域は古くから養蚕と織りものがさかんで「クワの都」とよばれました。本糸、玉糸、つむぎ糸の3種の糸を組み合わせて作ります。分業制なのも特徴。

※本糸は1匹のかいこが作るまゆ、玉糸は2匹のかいこが作るまゆからとる糸。

東京都　本場黄八丈

　伊豆諸島の八丈島で作られる絹織りもの。使う色は黄色、かば色（赤みがかった茶色）、黒色の3色だけ。黄はコブナ草、かばはタブの木の皮、黒はシイノキの皮と、すべて島に自生する草木でそめています。

新潟県　小千谷縮

　苧麻からとった麻糸が原料の縮。よこ糸に強いよりをかけて織り、お湯の中でもんで出すシボが特徴。雪の上にさらして漂白し、色や柄をきわ立たせます。さらりとした肌ざわりで夏の着物にむいています。

新潟県　本塩沢

　麻を原料とする越後上布の技を、絹で応用したもの。たて・よこによりをかけたお召し糸を使い「塩沢お召」とよばれます。お湯の中でもんで出すシボと、十字や亀甲などの細かなかすりもようが特徴です。

新潟県　十日町絣

　新潟でもとくに雪の多い十日町では、むかしから機織りは冬の仕事でした。越後縮の技を絹で応用した十日町絣は、たて・よこの糸にほどこしたかすりが交差して生まれる、細かなもようが特徴です。

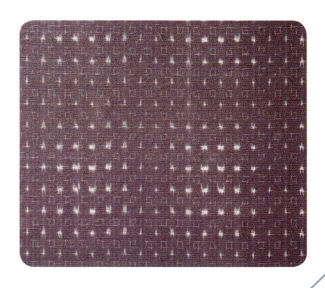

新潟県　十日町明石ちぢみ

十日町絣と同じく越後縮の技を絹に応用。ちがいは、よこ糸に強いよりをかけ、湯もみをしてシボを作るところ。「せみの羽」といわれるほどうすく、流れるようなかすりもようがすずしげです。

長野県　信州紬

信州（今の長野県）では古くから養蚕がしょうれいされ、松本紬・上田紬など各地で織りものが作られ、信州紬とよばれています。原料に使う地元の山まゆや、リンゴなど草木でそめたやさしい色も特徴。

※山まゆは、野生のかいこ（野蚕）からとれたまゆ。

石川県　牛首紬

白山のふもとの白山市で作られる紬。くぎをぬけるほどじょうぶで、「釘抜紬」とよばれます。1つのまゆに2匹のかいこが入った玉まゆから直接つむぐ糸を使うので、ところどころに糸のふしが入ります。

滋賀県　近江上布

琵琶湖の近くは織りものにてきした湿度があり、古くから麻織りものがさかんでした。江戸時代から大麻と苧麻からとった麻糸を使っています。「くし押し捺染」などでもようをつけ、シボ加工をほどこします。

はなやかなもよう！

京都府　西陣織

5〜6世紀ごろ大陸から伝わった養蚕と機織りの技が、平安京に都がうつったあと、今の上京区を中心に発展しました。先にそめた糸を使ってもようを作る織りものです。デザインする人、紋紙を作る人、糸をそめる人、たて糸を準備する人など、ほとんどの工程が分業になっています。日本一の生産量をほこる帯のほか、着物やおぼうさんが身につける金襴の袈裟、ネクタイなどを生産しています。

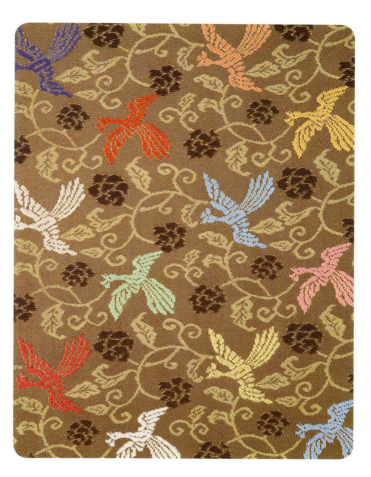

鳥取県　弓浜絣

弓ヶ浜半島では江戸時代から砂地で綿を生産。弓浜絣は古くからその綿を手つむぎし、高機（P14）で織られてきました。あいぞめの地に白ぬきの絵絣で、松竹梅や鶴亀などのおめでたい柄がえがかれます。

徳島県　阿波正藍しじら織

着物が雨にぬれてちぢんだのをヒントに作られた綿織りもの。張り方のちがう糸を使い、ゆるくした糸をちぢませることで波状のシボをうき出させます。日本一の産地・徳島のあいでそめた色もあざやかです。

おりもの

福岡県 博多織

博多の商人が宋（中国）で学んだ織りものが原点。江戸時代に幕府に献上し、「献上博多」とよばれるように。細いたて糸に、糸をよりあわせた太いよこ糸をうちこんで、帯にてきした厚くじょうぶな布にします。

福岡県 久留米絣

江戸後期に12歳の少女がはじめたもの。白くもようを残す部分を粗苧とよばれる麻の表皮でくくり、あいでそめて織りあげます。綿100％なので洗うほどやわらかくなり、あい色がさえてきます。

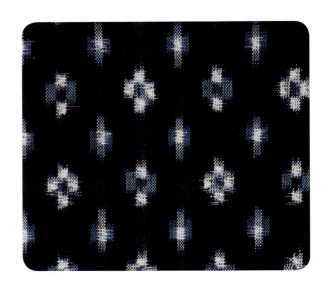

どろでそめるんだって！

鹿児島県・宮崎県 本場大島紬

鹿児島の奄美大島で生まれた絹織りもの。かすり糸を締機という機械で織るようにして作るため、「大島紬は二度織られる」といわれます。バラ科のシャリンバイで草木ぞめをしたあと、大島紬ならではのどろぞめをします。シャリンバイのタンニンとどろの鉄分が反応し、しぶく光沢のある黒色になります。ソテツの葉と実をデザインした龍郷柄をはじめ、もようにも島の自然がやどります。

沖縄県　久米島紬

　15世紀半ば、中国から養蚕と織りの技が伝わり、日本の紬の発祥地とも。サルトリイバラなど島の草木やどろで色をそめます。木づちでたたき光沢を出す「きぬた打ち」まで、すべて1人で行うのも特徴です。

沖縄県　宮古上布

　宮古島の麻織りもの。島で栽培した苧麻を貝がらでしごいてせんいをとり、かみの毛ほどの細さにさいて糸にし、琉球あいや島の植物染料でそめます。トンボの羽のように軽い布ともいわれています。

沖縄県　首里織

　かつて琉球王国の都だった首里は、中国や東南アジアからさまざまな技を取り入れ、紋織から絣まで多彩な織りものが育ちました。貴族らのために色や柄を工夫した花織・花倉織・道屯織などが有名です。

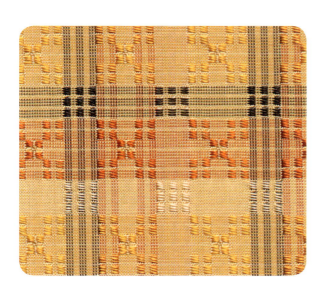

沖縄県　喜如嘉の芭蕉布

　大宜味村喜如嘉地区で作る布。原料はバナナのなかまの糸芭蕉で、畑で育てるところからはじまります。皮をはぎ、アクで煮てせんいをとり出し、つないで糸に。織るまでにとても手間がかかる織りものです。

そめもの

布に絵柄を手がきして作る、はなやかな友禅染。一枚の白い生地から友禅ができあがるまでには、手のこんだ工程がいくつもあり、何人もの職人さんの手をわたって仕上げられます。京友禅のふるさと・京都市をたずねて、そめものがどんなふうに作られているのか、教えてもらいました。

そめものが
できるまで

京都をたずねました！

【たずねた工房・職人さん】

京友禅には手描友禅と型友禅の2つがあります。今回は、江戸時代に技法がかくりつされた伝統的な手描友禅の工程から、のりおき、引染、色さしの各職人さんをたずね、作業風景を見せてもらいました。

どうして京都でそめものがさかんになったの？

京都は長い間、日本の政治と文化の中心地だったため、そめものの技も古くから発達していました。江戸時代に宮崎友禅斎という人の扇にえがいた絵が人気になり、「着物にもその絵を」と注文されるように。そこで生まれたそめものが京友禅です。当時は幕府がしょ民のぜいたくを禁止していましたが、京友禅はゆるされたため、町人の間でたちまち大流行しました。

地形と立地

職人 京友禅はすべて分業制です。のりおき、引染、色さしなど、約20種の専門職があります。

近くに川がある土地がそめものにむいているよ！

町のそばに山や川があり、自然にめぐまれた京都。そめ上がった布を洗うのに、きれいな水がかかせません。

のりを使って線や絵柄をおおう「のりおき」の職人さん

もよう以外の地を引っぱりながらそめる「引染」の職人さん

もように筆やはけを使って色を入れる「色さし」の職人さん

そめものの原料

そめものはベースとなる布と、それをそめる着色料（染料や絵の具）で作ります。生地には京都の丹後ちりめんなどの絹織りものを使います。着色料は、むかしは自然の草木などの植物染料でしたが、今では化学染料が多くなっています。

染料

絵の具

のり

色さしの絵の具は化学染料をお湯でといて使いますが、白だけは貝がらからとる天然染料の「ごふん」が原料です。のりは、ゴムのりのほか、もち米と白ぬかをまぜたものを使います。

そめもの

友禅染ができるまで 1

下絵・のりおき

まず織られた布に下絵をえがき、もように地の色が入らないように、のりをおきます。

① 青花で下絵をえがく

青花というとくしゅな色素で下絵をえがきます。柄がずれないよう、着物の形に仮ぬいした「仮絵羽仕立て」をしてあります。

② のりの調節

下絵の線にのりをおく「糸目のりおき」は、ゴムのりを使います。和紙に柿しぶをぬったつつ紙に先金をつけ、あなからのりを出します。

③ 下絵の線をなぞる

青花でえがいた下絵の線をなぞるように、のりをおいていきます。先金からしぼり出すのりの量を指先でコントロールしています。

④ のりおきはせんさいな作業

下絵の線の上に、きれいにのりがおかれたところ。のりが堤防のような役目をはたし、この後の工程で染料がにじむのをふせぎます。

水色の線がのりをおいたところ

線が集まる部分はしんちょうに

こまかい花びらの部分も、一定の細さで線をおいていきます。1つの線がとぎれないように、息をつめていっきになぞります。

つつ紙を使うよう

「糸目のりおき」のあと「ふせのりおき」をする

引染のときにもようの部分がそまらないよう、のりでおおう「ふせのりおき」をします。さいごにひき粉をまき、表面をほごします。

ふせのり　ひき粉

ふせのりは、もち米とぬかを熱湯でむして作ります。ひき粉は、木材を切るときに出るおがくず。

※友禅染にはいくつか作り方があり、工程の順番がことなる場合もあります。

友禅染ができるまで 2　全体をそめる

のりで絵柄をおおったら、地の部分全体をはけでそめる「引染」をします。

① 布をぴんとはる

まず生地をはりわたします。伸子という両はしにはりがついた竹のくしで、しわをのばします。もようがあるところは多めにはります。

②「地入れ」をする

大豆をしぼった「ごじる」と、海そうの「ふのり」を水にまぜた地入れ液を作り、はけでぬります。そめのむらやにじみをふせぎます。

色合わせが重要！

③ 見本の色をかくにん

生地といっしょについてくる色見本。これとまったく同じ色にそめなくてはなりません。色をよくかくにんし、染料液を作ります。

④ かわかしながら色合わせ

調合した色が合っているかそめてみます。ぬれた状態とかわいた状態では色がちがうので、あたためた炭でかわかしてかくにんします。

⑤ 少しためしてみる

布全体を広くそめる前に、ふせのりをした部分に少しだけ染料液をつけてみて、しみ出したりしないか、状態をたしかめます。

⑥ はけは色ごとに用意

そめるのに使うのはシカの毛のはけ。染料のふくみがよく、コシが強いので、しっかりぬれます。色の系統ごとにちがうはけを使います。

のりをのせたところはそまらない！

全体をはけでそめる

色が流れないように、すい平を保ちながら、すばやくぬります。ぬりおわったら、かわいたはけでなで、よぶんな水分をとります。

そめた後はむす→水あらい

引染のあと、じょう気でむして染料をおちつかせます。大きなむし箱に布を入れ、約100℃でむします。むす時間は、色のうすいもので20〜30分、こいもので1時間ほど。その後、ふせのりをおとす水洗いをします。

そめもの

友禅染が
できるまで
3

友禅をさす

地がそまったら、のこった絵柄に色をつけていきます。

① のりをおとした布がとどく

引染がおわった布は、ふせのりがついていたもようの部分だけ、白いままです。もようをそめる作業を「色さし」といいます。

② 布を準備する

枠場という装置に反物をベルトコンベアのようにしてかけます。着物で合わさる部分の色をかくにんしながらそめるのに便利です。

③ 伸子でぴんとはる

布に裏側から伸子（P27）をかけ、たるみのないようにはります。たるんでいると、その部分に絵の具がたまってしまうからです。

④ 色をたしかめてからぬる

着色作業に入る前にすべてのもようの配色をきめます。染料を組み合わせて色を作り、ためしぬりの布でできた色をかくにんします。

ぜんぶ手がきでえがくよ！

⑤ 色をさす

布の裏にはった伸子を手でおさえながら、筆やはけで色をさしていきます。もようにむらが出ないように、手早く行います。

作業台の下には電熱器や炭火が入っていて、かわかしながら色をさします。色が線からはみ出したり、むらになるのをふせぎます。

はけと筆を使いわけ！

はけや筆は1色ごとに変えます。ぼかしの技法がしやすいように、毛先がななめになったはけもあります。

うすい色から、こい色へ

白にはじまり、うすい色からこい色へ、1色ずつ順にさしていきます。広いところははけで、細い線のようなところは筆でぬります。

❻

↓

むす→水洗い

色を定着させるため、ふたたびむして水洗いします。工程はほぼ引染の後と同じです。糸目のりだけは化学薬品を使っておとします。

加飾（金彩加工・ししゅう）

加飾の工程では、のりをぬって金ぱくや金ぷんをはる「金彩」、あざやかな絹糸や金・銀糸でもようをぬう「ししゅう」などを行います。

そめもののきほん

そめものとは、布に染料で色をつけたものです。なぜ色をつけるの？
どんなそめ方があるの？など、そぼくなギモンをまとめました。

そめものってなんだろう？

なにからできているの？

白い織りものを使うので、原料は絹や綿などの糸です。織ってある生地を、染料でさまざまな色・柄にそめます。

> もようの部分が白くなっているよ

> あい色やピンクなどいろんな色があるね

どんなものがあるの？

のりでもようをえがく友禅染、糸でくくってもようを白く残すしぼりぞめ、型を使う型染などがあります。

どうして色をそめるの？

むかし、服の色やもようは、地位や身分もあらわしていました。また、そめると布がじょうぶになり、長もちするなどの効果もあります。

そめものとは…

白い糸で織りあげた織りものを、染料につけたり、型紙や筆を使ってそめたものです。大陸から入ってきたそめの技術を学んだうえで日本どくじの技法をあみだし、発達させてきました。もようや色をそめ分けるには、そめない部分を糸でくくったり、のりでおおう「防染」の技法が用いられています。

そめ方の種類

そめものは大きくわけると、浸染と捺染の2つのやり方があります。中までしっかりそめるやり方と、表面だけをそめるやり方です。

浸染

そめたい色の染料液を作って、生地をひたしてそめる方法です。水にとける性質の染料を使います。生地全体をひたすので、せんいの中までしっかりそまりますが、たくさんの色にそめ分けることはできません。この技を使った代表的なそめものが、しぼりぞめ（P33）です。

中までしっかりそまるよ

捺染

もようを型おししたり、筆でじかにえがいたりして、生地の表面に染料をすりつける方法です。水にとけない性質の染料を使います。せんいの表面だけがそまるので、多くの色をそめわけたり、表と裏をちがうもようにすることもできます。友禅染や型染（P33）は、このやり方で作ります。

表面だけがそまるよ

そめものにはなにがあるの？

代表的なのは、着物や羽織の生地です。えがいた絵やもようがきれいに見えるように、着物に仕立てられます。家紋をそめぬいた黒紋付染は、黒留袖や喪服などに使われます。高価な着物ばかりでなく、ハンカチ、ふろしき、ネクタイなどの小物にもそめものがたくさんあります。

そめものの作り方

産地によってちがいがありますが、そめものを代表する友禅染としぼりぞめの一般的な作り方を紹介します。ひとつの工房ですべてを行う場合もあれば、専門の職人さんが分業で作業する地域もあります。

友禅染の作り方

ここで紹介するのは手がき友禅のおおまかな工程です。④と⑥の順番をぎゃくにする作り方もあります。

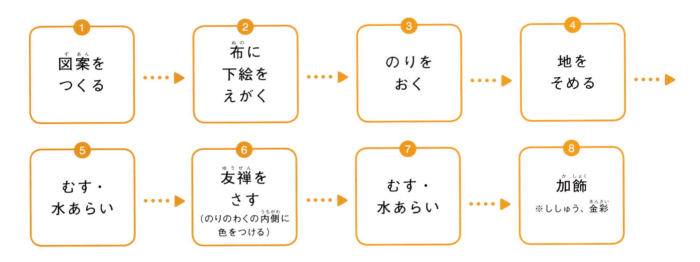

1. 図案をつくる
2. 布に下絵をえがく
3. のりをおく
4. 地をそめる
5. むす・水あらい
6. 友禅をさす（のりのわくの内側に色をつける）
7. むす・水あらい
8. 加飾 ※ししゅう、金彩

しぼりぞめの作り方

白くもようを残したい部分をきめたら、ぎゅっと糸でしばって布に圧力をかけます。全体をそめると、そこが白く残ります。

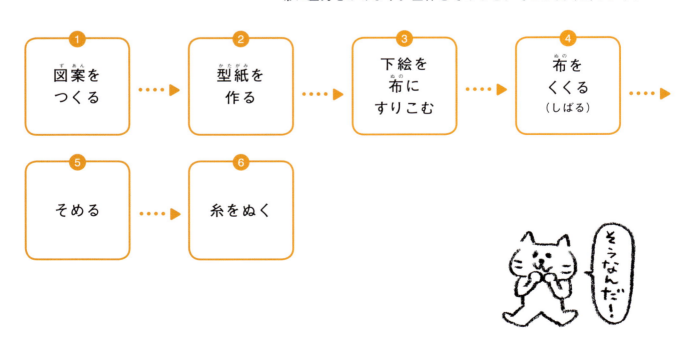

1. 図案をつくる
2. 型紙を作る
3. 下絵を布にすりこむ
4. 布をくくる（しばる）
5. そめる
6. 糸をぬく

そめものの豆知識
そめものの種類

中国や朝鮮をへて日本に伝わった技術が広まり、各地にそめもの文化が生まれました。それぞれのちがいは、どうやってそめない部分を作るか。代表的な4つのそめものをくらべて、ちがいを見てみましょう。

手がき友禅

生地にじかに絵を手がきしていくもの。青花液でかいた下絵を、糸目のりというのりでなぞります。のりが堤防のような役目をはたし、たくさんの色を使ってもにじみません。

しぼりぞめ

生地を細かくつまんで糸でくくるなどしてから、色をそめたもの。糸でくくった部分に染料がつかず、白くそめ残ってもようになります。くくり方でいろんな柄ができます。

型染

型紙を使うそめもの。型紙にほったもようの部分に、はけなどで染料をつけてそめる方法(捺染)と、型紙のほった部分にのりをつけて白くそめぬく方法(小紋など)があります。

色無地

黒以外の1色でそめられた着物のこと。むげんに色のバリエーションがあり、生地の種類も多く、同じ生地でも織り方や地もようによって、風あいにちがいが出ます。

型染に使う型紙

型紙は3枚の和紙を柿しぶではり合わせた「しぶ紙」を、彫刻刀などでほって作ります。伊勢(今の三重県鈴鹿市周辺)で作られている「伊勢型紙」が有名です。小紋染などに利用されています。

そめものの色

むかしは、すべて天然の染料を使ってそめていて、こん色にそまる「あい」や、赤や黄色にそまる「ベニバナ」など、自然の植物が中心でした。伝統的なそめものでも、今は合成染料がふえています。

そめもの

産地を知ろう！
ニッポンそめもの案内

織られた布に、後から色をつけるそめもの。あざやかなものが多く、江戸（今の東京）や京都など、大きな都市を中心に発達してきました。どんなそめものがあるか、調べてみよう！

そめもの用語集

（**小紋**）型染（P33）のひとつ。同じ小さなもようをくりかえしえがいたそめ方のこと。

（**紋付**）家紋の入った着物のこと。結婚式やお葬式など儀式のときに着る礼服。

（**引染**）生地に染料液を均一にはけでぬりつけたり、ぼかしたりしてそめる方法。

（**染料**）せんいに色をつける色素のこと。天然と合成があり、水にとかして使います。

（**顔料**）土や貝などから作る絵の具。水にとけないので、にかわなどをまぜて使います。

（**あい**）染料になる植物で、こんや青色にそまります。あいでそめたものが、あいぞめ。

（**○○師**）それぞれの工程を専門に行う職人さん。そめ師、もよう師などがあります。

（**色をさす**）友禅染で、もようをそめる工程のこと。色をさすようにして入れていきます。

東京都　東京染小紋

くりかえしえがかれたせんさいな文様が特徴。柄が細かいほど高度な技が必要です。職人さんがいちばん神経を使うのが型付け。長い板にはった生地に型紙をおき、ヒノキのへらでのりをおいていくもので、のりをぬった部分がそまらず白く残り、文様に。武士のはかまなどに用いられ、江戸中期には町人の間でも流行し、あそび心のある柄が生まれました。

東京都　東京手描友禅

　江戸時代になり、京都のそめ師や絵師がうつり住み、技を伝えたのがはじまり。特徴は、まるで絵画のような友禅にあります。四季の風景や植物、花や鳥などをえがき、江戸っ子ごのみのしぶい色合いです。図案や下絵から、糸目のりおき、友禅まで、すべての工程を分業ではなく1人の職人さんが行うことが多いです。

石川県　加賀友禅

　古くから加賀にあった染色技法に、京友禅の生みの親・宮崎友禅斎が伝えた技法がむすびついた加賀友禅。五彩といわれるえんじ、あい、黄土、草、古代むらさきを中心の色とし、木の葉が虫にくわれた「虫くい」を表現するなど、自然の草花をそのままえがきだしています。このほか、型紙でそめる板場友禅もあります。

愛知県　名古屋友禅

　名古屋友禅の技法は江戸中期に京都や江戸の友禅師によって伝えられました。この地方の質素なくらしをこのむ風土にあわせて、おちついた色で色数をおさえて使う作風を生み出します。絵もようは花や鳥などの古典的なものが多く、東京手描友禅と同じく、ひとりの作者がすべての工程をいっかんして行います。

そめもの

愛知県　有松・鳴海絞

名古屋城築城のとき豊後（大分県）から来た人に技を学び、東海道の旅人に売ったのがはじまり。木綿の布にしぼりをほどこし、あいでそめたものが代表的。くもの巣ににた「くも絞」など100種以上の技があります。

愛知県　名古屋黒紋付染

江戸初期に藩の旗やのぼりをそめたのがはじまり。家紋の形にくりぬいた和紙の紋型紙を金あみではさみ生地に固定する「紋型紙板じめ技法」で染料にひたしてそめ上げます。はけでそめる方法もあります。

白いところに紋を入れるよ！

京都府　京鹿の子絞

着物や帯あげなどに使う、平安時代からあるそめ方。疋田絞が代表的で、布をつまんで絹糸でくくったところが白く残り、もようとなります。子鹿のはんてんににているため「鹿の子」とよばれます。

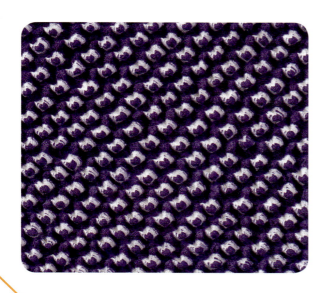

京都府　京小紋

江戸時代、武士のかみしもにほどこした小さな文様がルーツ。はじめは一色で型染したものでしたが、京友禅と影響し合い、たくさんの色を使ったはなやかなものに。洋花などを図案化したものもあります。

きれいなししゅう！

京都府　京友禅

　江戸中期、宮崎友禅斎という扇絵師が考案。各地に広まった友禅染のもとになっています。白い絹織りものに下絵をえがいてのりをおき、もようをそめる「手描友禅」と、明治以降からの、型紙を使った「型友禅」があります。金ぱくや銀ぱくを使った金彩加工、色とりどりの糸や金・銀糸を使ったししゅうを加えることも多く、花や鳥、自然の風景などが、はなやかな色彩で絵画のようにえがかれます。

京都府　京黒紋付染

　婚礼の黒留袖や、葬儀の喪服など、黒色のそめもの。全国生産の90％以上をしめます。赤や青にそめてから黒にそめる「浸染」や、植物染料と焙煎染料をはけで2回以上ぬる「三度黒」などの技で、深い黒に。

沖縄県　琉球びんがた

　15世紀ごろはじまった沖縄ゆいいつのそめもの。カラフルな「びんがた」と、琉球あい一色の「エーガタ」に分かれます。もようを先に顔料でそめてから染料で地をそめる手法で、南国らしいあざやかな布です。

おりもの

\ 産地の課題と新しい取り組み /
織りもの&そめものニュース

着物を着る人が少なくなり、仕事が少なくなったことで、職人さんの数もへっています。さまざまな課題をかかえている産地で伝統を守っていくためにはじまった、新しい取り組みを紹介します。

埼玉県　秩父銘仙

着物の柄を洋服にデザイン

大正から昭和初期に大流行した絹織りもの「銘仙」。洋服が日常着になると、生産量もへってしまいました。現代に合った新しいもの作りをはじめようと、栃木県の足利銘仙と手を組んで、銘仙を使った洋服ブランドを立ち上げました。だいたんな柄とあざやかな色使いの銘仙の特徴はそのままに、今のファッションとしてよみがえっています。

STYLE＊MEISENの展示会のようす

京都府　西陣織

国産の絹糸を守る取り組み

ぜつめつの危機にあるといわれる日本の養蚕。国産の絹にこだわる西陣織の織元の主人は、このままでは材料がなくなると思い養蚕業の復活にのりだしました。かいこのエサのクワを育てるところからはじめていて、木のオーナーになることで取り組みをおうえんできます。かいこが作ったまゆは白ではなく、黄色。本来のまゆの色です。

織道楽塩野屋のクワ園と3種類のまゆ

愛知県　名古屋黒紋付染

「生活スタイルが変わったから売れなくなったのではない、知らないことが原因だ」。父の死をきっかけに、家業のそめ元の仕事についた中村さんはそう考え、多くの人に名古屋黒紋付染を知ってもらうための商品を作りました。黒紋付と同じ、紋型紙板じめ技法（P36）で白くそめぬいたTシャツなど、伝統のそめの技術がいかされています。

黒ぞめのよさを新しいもので

中村商店の黒紋付染Tシャツ

愛知県　有松・鳴海絞

有松・鳴海絞の特徴といえば、たさいなしぼりの技から生まれるもようの美しさ。手間がかかるため着物は高価になってしまいますが、もっと気軽にふれてほしいと、若手作家が集まって有松・鳴海絞の技法で和紙をそめたおり紙を作りました。手筋絞、まき上げ絞など、おりがみの一枚一枚で、伝統のしぼりを知ることができます。

しぼりの技をおり紙に

istのARIGAMIと貼り箱

京都府　京友禅

現在、京友禅といわれるものの多くがプリントによって絵がつけられていて、手仕事で作られるものは1割程度だそうです。本物の手がき友禅を見てほしいと、さいふ、ペンケースなどの日常のアイテムにいかした商品を作りました。下絵、糸目のりおき、さし友禅という着物と同じ工程で、熟練の職人さんによってえがかれています。

手がき友禅をもっとみぢかに

RITOFUのがま口、ペンケース

都道府県別伝統的工芸品一覧

※①などの数字は掲載している巻数です
①焼きもの　②ぬりもの　③木工と金工
④布　⑤和紙と文具

このシリーズに掲載した伝統的工芸品の一覧です。

北海道
二風谷アットゥシ…④
二風谷イタ…③

青森
津軽塗…②

岩手
岩谷堂箪笥…③
浄法寺塗…②
南部鉄器…③
秀衡塗…②

宮城
雄勝硯…⑤
仙台箪笥…③
鳴子漆器…②

秋田
秋田杉桶樽…③
大館曲げわっぱ…③
樺細工…③
川連漆器…②

山形
羽越しな布…④
置賜紬…④
天童将棋駒…⑤
山形鋳物…③

福島
会津塗…②
会津本郷焼…①
大堀相馬焼…①
奥会津編み組細工…③

茨城
笠間焼…①
結城紬…④

栃木
益子焼…①

群馬
伊勢崎絣…④
桐生織…④

埼玉
春日部桐箪笥…③
秩父銘仙…④

千葉
房州うちわ…⑤

東京
江戸からかみ…⑤
江戸指物…③
江戸和竿…③
東京アンチモニー工芸品…③
東京銀器…③
東京染小紋…④
東京手描友禅…④
多摩織…④
本場黄八丈…④
村山大島紬…④

神奈川
小田原漆器…②
鎌倉彫…②
箱根寄木細工…③

新潟
越後三条打刃物…③
越後与板打刃物…③
小千谷縮…④
小千谷紬…④
加茂桐箪笥…③
塩沢紬…④
燕鎚起銅器…③
十日町明石ちぢみ…④
十日町絣…④
新潟漆器…②
本塩沢…④
村上木彫堆朱…②

長野
内山紙…⑤
木曽漆器…②
信州打刃物…③
信州紬…④
南木曽ろくろ細工…③
松本家具…③

山梨
甲州印伝…⑤
甲州手彫印章…⑤

静岡
駿河竹千筋細工…③

富山
井波彫刻…③
越中和紙…⑤
高岡漆器…②
高岡銅器…③

石川
牛首紬…④
加賀繍…④
加賀友禅…④
金沢漆器…②
九谷焼…①
山中漆器…②
輪島塗…②

福井
越前打刃物…③
越前漆器…②
越前箪笥…③
越前焼…①
越前和紙…⑤
若狭塗…②

岐阜
一位一刀彫…③
飛騨春慶…②
美濃焼…①
美濃和紙…⑤

愛知
赤津焼…①
有松・鳴海絞…④
尾張七宝…⑤
瀬戸染付焼…①
常滑焼…①
豊橋筆…⑤
名古屋桐箪笥…③
名古屋黒紋付染…④
名古屋友禅…④

三重
伊賀くみひも…④
伊賀焼…①
鈴鹿墨…⑤
四日市萬古焼…①

滋賀
近江上布…④
信楽焼…①

京都
京うちわ…⑤
京鹿の子絞…④
京くみひも…④
京黒紋付染…④
京小紋…④
京指物…③
京漆器…②
京扇子…⑤
京繍…④
京焼・清水焼…①
京友禅…④
西陣織…④

大阪
大阪唐木指物…③
大阪金剛簾…③
大阪泉州桐箪笥…③
大阪浪華錫器…②
大阪欄間…③
堺打刃物…③

奈良
高山茶筌…③
奈良筆…⑤

和歌山
紀州漆器…②
紀州箪笥…③
紀州へら竿…③

兵庫
出石焼…①
丹波立杭焼…①
豊岡杞柳細工…⑤
播州毛鉤…⑤
播州そろばん…⑤
播州三木打刃物…③

鳥取
因州和紙…⑤
弓浜絣…④

島根
石見焼…①
石州和紙…⑤
雲州そろばん…⑤

岡山
勝山竹細工…③
備前焼…①

広島
川尻筆…⑤
熊野筆…⑤
福山琴…⑤
宮島細工…③

山口
赤間硯…⑤
大内塗…②
萩焼…①

徳島
阿波正藍しじら織…④
阿波和紙…⑤
大谷焼…①

香川
香川漆器…②
丸亀うちわ…⑤

愛媛
大洲和紙…⑤
砥部焼…①

高知
土佐打刃物…③
土佐和紙…⑤

福岡
上野焼…①
小石原焼…①
久留米絣…④
博多織…④

佐賀
伊万里・有田焼…①
唐津焼…①

長崎
三川内焼…①
波佐見焼…①

熊本
天草陶磁器…①
小代焼…①
肥後象がん…③

大分
別府竹細工…③

宮崎
都城大弓…③

鹿児島
薩摩焼…①
本場大島紬…④

沖縄
喜如嘉の芭蕉布…④
久米島紬…④
首里織…④
知花花織…④
壺屋焼…①
南風原花織…④
宮古上布…④
八重山ミンサー…④
八重山上布…④
与那国織…④
読谷山花織…④
読谷山ミンサー…④
琉球絣…④
琉球漆器…②
琉球びんがた…④

※産地が2つ以上の都道府県にまたがる工芸品については、主な産地（または組合・協会の所在地）のある都道府県の欄にのっています。
※都道府県ごとに50音順に掲載しています。
※各巻の産地マップのみで紹介しているものもあります。

● 参考資料
『伝統的工芸品ハンドブック改訂版』一般財団法人 伝統的工芸品産業振興協会
『伝統工芸ってなに？』芸艸堂
『シリーズ 日本の伝統工芸 染めもの＜京友禅＞』リブリオ出版
『日本の伝統的織りもの、染めもの』日東書院
『着物の織りと染めがわかる事典』日本実業出版社
ほか、各産地、経済産業省のHPを参考にさせていただきました。

● 取材協力 前川善一郎（監修P4～5・12～15・P30～33）、伝統工芸青山スクエア

● 取材協力
〈織りもの〉二風谷アットゥシ／二風谷民芸組合　置賜紬／置賜紬伝統織物協同組合　羽越しな布／羽越しな布振興協議会　結城紬／茨城県本場結城紬織物協同組合　伊勢崎絣／伊勢崎織物工業組合　桐生織／桐生織物協同組合　秩父銘仙／秩父織物振興協議会　村山大島紬／村山織物協同組合　本場黄八丈／黄八丈織物協同組合　多摩織／八王子織物工業組合　本塩沢／塩沢織物工業協同組合　小千谷縮／小千谷織物同業協同組合　十日町絣・十日町明石ちぢみ／十日町織物工業協同組合　信州紬／長野県織物工業組合　牛首紬／石川県牛首紬生産振興協同組合　近江上布／滋賀県麻織物工業協同組合　西陣織／西陣織工業組合、大槻悟、織匠平居、福田染工、ワタベ整経、織道楽塩野屋　弓浜絣／鳥取県弓浜絣協同組合　阿波正藍しじら織／阿波しじら織協同組合　博多織／博多織工業組合　久留米絣／久留米絣協同組合　本場大島紬／本場奄美大島紬協同組合　久米島紬／久米島紬事業協同組合　宮古上布／宮古織物事業協同組合　首里織／那覇伝統織物事業協同組合　喜如嘉の芭蕉布／喜如嘉芭蕉布事業協同組合
〈そめもの〉東京染小紋／東京都染色工業協同組合　東京手描友禅／東京都工芸染色協同組合　加賀友禅／協同組合加賀染振興協会　有松・鳴海絞／愛知県絞工業組合、ist　名古屋友禅・名古屋黒紋付染／名古屋友禅黒紋付協同組合連合会、山勝染工　京鹿の子絞／京鹿の子絞振興協同組合　京友禅／京友禅協同組合連合会、河原田染工、駒井達夫、森光男、富宏染工　京小紋・京黒紋付染／京友禅協同組合連合会　琉球びんがた／琉球びんがた事業協同組合

● 写真提供
野々花染工房（P16置賜紬）、八王子織物工業組合（P18多摩織）、滋賀県麻織物工業協同組合（P20近江上布）、那覇伝統織物事業協同組合（P23首里織）、京友禅協同組合連合会（P29水元・金加工）、東京都工芸染色協同組合（P33色無地）、名古屋友禅黒紋付協同組合連合会（P35名古屋友禅）、ガチャマンラボ（P38）、織道楽塩野屋（P38）、山勝染工（P39）、ist（P39）、富宏染工（P39）

● 資料提供　稲垣機料（P14京機）

伝統工芸のきほん④　布

伝統工芸のきほん編集室

本文執筆	野水綾乃
撮影	平石順一
イラスト	matsu（マツモト ナオコ）
デザイン	パパスファクトリー
発行者	鈴木博喜
編集	大嶋奈穂
発行所	株式会社　理論社
	〒101-0062　東京都千代田区神田駿河台2-5
	電話　営業 03-6264-8890
	編集 03-6264-8891
	URL　https://www.rironsha.com

2018年2月初版
2025年2月第6刷発行

印刷・製本　TOPPANクロレ
©2018 rironsha, Printed in Japan
ISBN978-4-652-20230-2　NDC750
A4判　31cm　40p

落丁・乱丁本は送料小社負担にてお取替え致します。本書の無断複製（コピー・スキャン、デジタル化等）は著作権法の例外を除き禁じられています。
私的利用を目的とする場合でも、代行業者等の第三者に依頼してスキャンやデジタル化することは認められておりません。